7 Mai 1883.

VENTE APRÈS DÉPART

TAPISSERIES DES GOBELINS

DE

PREMIER ORDRE

OBJETS DE BEL AMEUBLEMENT

TABLEAUX — CURIOSITÉS

Me ESCRIBE	M. A. BLOCHE
COMMISSAIRE-PRISEUR	EXPERT
6, rue de Hanovre, 6.	44, rue Laffitte, 44.

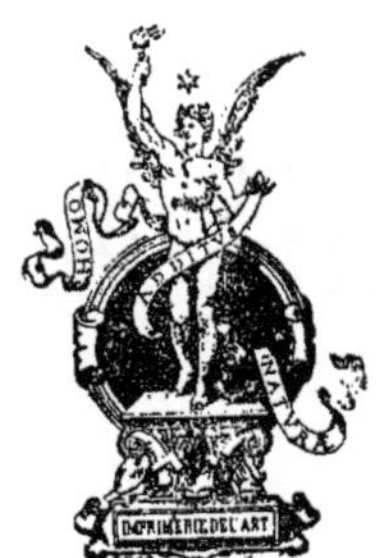
HOMO
IMPRIMERIE DE L'ART

CATALOGUE

DE

MAGNIFIQUES TAPISSERIES

DES GOBELINS

TISSÉES D'OR ET D'ARGENT

BELLES TAPISSERIES DE BEAUVAIS ET DE FLANDRE

DE LA RENAISSANCE ET DU XVIIe SIÈCLE

OBJETS DE BEL AMEUBLEMENT

CURIOSITÉS — TABLEAUX

Bronzes — Marbres — Argenterie — Porcelaines — Faïences — Étoffes

DONT LA VENTE AURA LIEU

POUR CAUSE DE DÉPART

HOTEL DROUOT, SALLE N° 1

Les Lundi 7 et Mardi 8 Mai 1883

A DEUX HEURES

COMMISSAIRE-PRISEUR	EXPERT
Me ESCRIBE	M. A. BLOCHE
6, rue de Hanovre, 6	44, rue Laffitte, 44

EXPOSITION PUBLIQUE

Le Dimanche 6 Mai 1883

DE 1 HEURE 1/2 A 5 HEURES 1/2

CONDITIONS DE LA VENTE

Elle sera faite au comptant.

Les Acquéreurs paieront CINQ POUR CENT en sus des enchères.

L'exposition mettant le public à même de se rendre compte de l'état des objets, il ne sera admis aucune réclamation une fois l'adjudication prononcée.

Paris. — IMPRIMERIE DE L'ART, J. Rouam, imprimeur-éditeur
41, rue de la Victoire, 41.

DÉSIGNATION DES OBJETS

TAPISSERIES

1 — Magnifique tapisserie de la manufacture des Gobelins, partie tissée d'or et d'argent, représentant *la Prise de Bruges*. Importante composition à nombreux personnages. A droite, on voit le roi Louis XIV à cheval, entouré d'officiers et de gentilshommes en riches costumes de guerre. Il donne l'ordre de l'assaut, de toutes parts s'ébranlent les escadrons se dirigeant sur la ville de Bruges que l'on aperçoit en perspective à travers des flammes et des nuages de fumée. Dans un cartouche on lit : *Deffaitte de l'armée espagnolle près le canal de Bruges sous la conduite de Marsin, par les troupes du roi Louis XIIII en l'année MDCLVII.* Ce panneau remarquable par la richesse de sa composition, la perfection du dessin, le mouvement et l'animation qui y règnent, est encadré d'une très belle bordure représentant des fruits et des fleurs enguirlandés et semés de fleurs de lis. Au

fronton, se détache le blason de France, sur les bordures de côté est représenté au milieu de petits médaillons le chiffre du roi : LL enlacés, et les angles sont ornés de fleurs de lis.

Conservation remarquable.

2 — Très belle tapisserie de la manufacture des Gobelins de la suite dite *des châteaux royaux*, représentant le château des Tuileries. Comme sortant du palais que l'on voit en perspective arrive le cortège royal, composé de carrosses, de cavaliers et de nombreux petits personnages. Le devant de la tapisserie représente un mur d'appui en partie couvert d'une riche draperie et à côté se détache une corbeille de fruits; devant on voit un faisan, une hyène et des fruits; derrière le mur passent deux laquais portant un plateau de fruits sur un brancard d'argent. Cette composition est exécutée d'après les cartons de Charles Lebrun. Très belle bordure à colonnes, grotesques, rinceaux et ornements.

Conservation remarquable.

3 — Très belle tapisserie de la manufacture des Gobelins de la suite dite *des châteaux royaux*, représentant le château de Saint-Germain. De nombreux groupes de personnages circulent sur la terrasse. On voit le palais en perspec-

tive. Le premier plan est occupé par une balustrade en partie couverte par une draperie à riche broderie d'or et derrière laquelle se présente un laquais tenant un plat en or. Cette composition est exécutée d'après Charles Lebrun. Avec bordure semblable à la précédente.

Conservation remarquable.

4 — Très belle tapisserie de la manufacture des Gobelins, de composition monumentale, représentant au centre le blason de France, tout entouré de fleurs de lis et de l'ordre du Saint-Esprit ; en haut se détachent sur une coquille ensoleillée la couronne royale, une allégorie de la justice, avec banderole à inscription *Nec pluribus impar;* de chaque côté du fronton sont assis sur des consoles des amours qui tiennent les boules du monde et des rubans reliant des cornes d'abondance chargées de fruits. A ces consoles est attaché le manteau royal fleurdelisé, en partie couvert d'attributs guerriers, casques, cuirasses, carquois, faisceaux de licteurs, lances et autres armes ; le bas représente un cartouche à enroulements avec tête de chérubin et guirlande de fleurs qui tombe sur un serpent. La bordure représente une chainette à rosace et fleurs de lis.

Conservation remarquable.

5 — Belle tapisserie de Lille, représentant le *Départ d'Ulysse*. Gracieuse composition de plusieurs figures, avec riche bordure à fleurs et rinceaux.

6 — Très belle tapisserie de Beauvais, représentant *la Bataille d'Arbelles*. Importante composition d'une multitude de figures de cavaliers, d'éléphants et de chariots de guerre, exécutée d'après Charles Lebrun. Jolie bordure simulant un encadrement avec couronnes et ornements.

7 — Belle tapisserie de la Renaissance, représentant un sujet de bataille. Composition à nombreux petits personnages avec jolie bordure à petits médaillons allégoriques, figures et ornements.

8 — Portière en tapisserie, d'aspect monumental, représentant au centre un statuaire.

9 — Grande et belle tapisserie de Bruxelles, représentant *les Femmes de Darius venant implorer la clémence d'Alexandre*. Composition de nombreuses figures exécutées d'après Lebrun. Avec superbe bordure à guirlande de fleurs et de fruits. Remarquable par sa conservation.

10 — Deux jolies tapisseries de Beauvais, représentant les treilles de Versailles. Au milieu de bosquets enguirlandés de fleurs s'élèvent des vases de formes élégantes chargés : l'un de fruits, l'autre de fleurs. Les bosquets sont couronnés de corbeilles de fleurs. En perspective, on voit le parc de Versailles, au premier plan des volatiles qui becquètent.

OBJETS D'AMEUBLEMENT

11 — Très bel ameublement de salon, de grand style Louis XIV, en bois sculpté et doré, de forme carrée, couvert en superbe velours de Gênes, fond crème, dessin à parterre de fleurs. Il se compose d'un canapé, quatre fauteuils et quatre chaises. Les envers sont gainés en satin réséda.

12 — Jolie vitrine en acajou, toute garnie de glaces biseautées et richement ornée de bronzes dorés et de filets de cuivre, supportée par huit pieds cannelés. Style Louis XVI.

13 — Deux grands et magnifiques vases, forme potiches, en émail cloisonné de Chine. Le décor représente des paysages animés d'oiseaux et d'insectes en couleur se détachant sur fond bleu turquoise, la gorge présente

une frise à lambrequins, fond noir, et les couvercles sont ornés de fleurs émaillées et de médaillons en cuivre repercé, ciselé et doré. Pièces remarquables par leur dimension et leur qualité.

14 — Grand guéridon en bois de Chine, richement incrusté de marqueterie d'ivoire à sujets.

15 — Glace d'entre-deux avec cadre en bois sculpté et doré. Louis XVI.

16 — Petite table en bois rosé, ornée de bronzes dorés et de plaques en porcelaine bleu turquoise à médaillons d'oiseaux. Style Louis XV.

17 — Joli coffret en bois sculpté offrant en bas-relief des scènes historiques, et aux angles des cariatides. xvie siècle.

18 — Très beau meuble s'ouvrant à deux battants en palissandre foncé, sculpté et ciré, à colonnes détachées, cannelées à filets de cuivre, surmontées de chapiteaux corinthiens et de frises en bronze ciselé et doré. Les battants sont ornés de panneaux japonais en bois laqué d'or et orné d'applications de burgau.

19 — Joli meuble en bois noir forme crédence avec fronton à arcades, fond à glaces biseautées et orné de peintures.

20 — Joli meuble en bois noir, forme crédence, à fronton voûté, fond en glaces et garni de peintures.

21 — Meuble-cabinet d'aspect monumental en bois noir et écaille orné de cuivre. Style Louis XIII.

22 — Vitrine en bois de fer sculpté. Style chinois.

23 — Vitrine en bois des iles, orné d'incrustations de nacre.

24 — Table à cinq rallonges en noyer et bois noir, orné d'incrustations d'ivoire.

25 — Dressoir, surmonté d'une glace, en bois noir et de noyer, orné d'incrustations d'ivoire.

26 — Piano en palissandre.

27 — Bel ameublement de chambre à coucher en bois noir, orné d'incrustations d'ivoire, se composant d'un lit de milieu, une armoire à glace biseautée et une table de nuit.

28 — Guéridon en bois dur incrusté de burgau. Style chinois.

29 — Deux guéridons en bois noir, orné d'incrustations d'ivoire.

30 — Petite table-bureau Louis XVI en acajou, orné de bronzes dorés.

31 — Deux fauteuils Louis XVI en bois sculpté et doré, couverts de soierie brochée.

32 — Belle commode en bois rose et marqueterie. Louis XVI.

33 — Petite table en bois rose avec dessus en brèche d'Alep.

34 — Écran en tapisserie au point. Époque Louis XIV.

35 — Table-liseuse avec pupitre. Système anglais.

36 — Régulateur en bois de violette, richement orné de bronzes dorés, surmonté de la figure du *Temps*. Louis XIV.

37 — Lit de milieu en acajou, orné de filets et de cannelures de cuivre. Style Louis XVI.

38 — Joli bureau plat en acajou, orné de bronzes dorés. Époque Louis XVI.

39 — Table de nuit ornée de bronzes. Louis XVI.

40 — Coffret en marqueterie.

41 — Fauteuil couvert en moleskine.

42 — Table en bois russe.

43 — Deux colonnes en simili-marbre.

BRONZES — MARBRES — CURIOSITÉS

44 — Belle statuette en marbre blanc : *Ceinture dorée*, de D'ÉPINAY.

45 — Beau buste en marbre blanc : *Modestie*, de CARRIER-BELLEUSE.

46 — Joli groupe de deux figures en marbre : Enlèvement d'une Sabine.

47 — Deux groupes en marbre : Allégories de l'Été et de l'Automne. Socle en marbre cannelé.

48 — Deux statuettes en bronze : Garde à vous, sur socle à rocailles.

49 — Statuette en marbre blanc : *Baigneuse*.

50 — Bel encrier en bronze doré. Style Louis XVI.

51 — Joli buste de jeune fille en bronze sur socle en spath fluor vert.

52 — Deux candélabres en bronze doré à bouquets de lis à trois lumières sur socles en spath fluor.

53 — Groupe en marbre : l'Enfant au chien.

54 — Deux candélabres formés de figures d'enfants en marbre blanc portant des bouquets en bronze doré à cinq lumières.

55 — Très belle garniture de cheminée en bronze doré Louis XVI, pendule et deux candélabres à figures de femmes avec bouquets à trois lumières.

56 — Petit groupe en marbre blanc : Enfant à la chèvre.

57 — Quatre appliques à deux lumières en bronze doré. Style Louis XVI.

58 — Paire de candélabres en bronze doré, figures d'amours portant des bouquets de lis.

59 — Pendule de forme *religieuse* en marqueterie ornée de bronzes dorés. Louis XIV.

60 — Lustre en bronze, style Louis XVI.

61 — Encrier en marqueterie, style de Boule, orné de bronzes dorés.

62 — Vase en émail cloisonné du Japon, décor polychrome.

63 — Buste en terre cuite : *L'Été*, de CARRIER-BELLEUSE.

64 — Heurtoir en bronze du XVIe siècle.

65 — Deux girandoles en bronze ciselé et argenté. Style Louis XVI.

66 — Pendule en bronze. Style Louis XVI.

67 — Deux lampes genre chinois, montures bronze.

68 — Chèvre portant un fruit, en ancien émail cloisonné de Chine, décor polychrome.

69 — Belle bonbonnière en or émaillé gris fer avec bordure à feuillages et perlés, époque Louis XVI. Elle offre sur le couvercle un émail, portrait d'un gentilhomme du temps de Louis XIV.

70 — Boîte rectangulaire en écaille ornée ; sur le couvercle un sujet galant d'*Eugène Giraud*.

71 — Joli flacon en cristal de roche monté en or.

72 — Beau groupe en ivoire du Japon, représentant des guerriers.

73 — Coffret en laque de l'Inde, riche décor d'animaux symboliques en couleur sur fond noir.

74 — Petit lustre en bronze orné de cristaux, forme Louis XV.

75 — Obélisque en porphyre oriental.

76 — Petit obélisque en jaune d'Orient.

ARGENTERIE

77 — Grand plateau en argent repoussé, orné du portrait de François Ier.

78 — Très belle fontaine en argent repoussé et ciselé, de forme lobée et offrant des scènes familières avec personnages en costume Louis XV. Elle est supportée par trois figures d'esclaves, les anses sont formées de cariatides de femmes, les robinets représentent des tritons sonnant de la corne. Le couvercle est couronné par une sirène. Travail du XVIIIe siècle.

79 — Sucrier en argent. Style Louis XVI.

80 — Six salières en argent. Style Louis XVI.

81 — Six coquetiers en argent. Style Louis XVI.

82 — Plateau en argent repoussé. Travail espagnol.

83 — Paire de chandeliers en argent. Louis XVI.

84 — Divers groupes en terre cuite.

FAIENCES — PORCELAINES

85-135 — Environ cent cinquante plats en faïence hispano-arabe, décor varié, à reflets métalliques. (Sera divisé.)

136 — Deux cachepots en faïence de Saint-Cloud décorés de bouquets de fleurs et de mascarons.

137 — Plaque en faïence de Castelli, décor d'après *Lancret*.

138 — Plaque en faïence de Castelli, décor à sujet mythologique d'après *Boucher*.

139 — Jardinière en faïence de Collinot.

140 — Corbeille de Minton.

141 — Chope en faïence allemande, décor à figures.

142 — Vase en barbotine avec fleurs en relief.

143 — Grosse potiche avec couvercle en porcelaine de Chine, décor à pivoines et branchages en bleu sur blanc.

144 — Soixante-deux assiettes en vieux Chine, décors variés.

145 — Soixante-quinze assiettes en vieux Japon, décors divers.

146 — Treize assiettes creuses du Japon.

147 — Huit autres en vieux Chine.

148 — Cinq raviers en vieux Chine.

149 — Cinq figurines en vieux Saxe.

150 — Soupière avec plateau, genre de Marseille.

151 — Deux lavabos en Bohême gravé.

152 — Petite dague avec poignée en lapis surmontée d'un squelette.

153 — Dague avec poignée en ivoire.

154 — Râpe en ivoire formée par une figurine de grotesque.

155 — Joli service en ancienne porcelaine de Saxe, décor style chinois avec pièces montées en argent.

156 — Deux panneaux en belles laques fines du Japon à rehauts d'or.

157 — Quatre plats en cuivre.

ÉTOFFES — TAPIS

158 — Très beau couvre-lit en satin bleu turquoise richement brodé à fleurs et rosaces. Époque Louis XV.

159 — Coupe d'environ neuf mètres ancien damas de soie rouge. Époque Louis XIV.

160 — Longue et large bande en soie bleu clair, ornée de jolis dessins en broderie.

161 — Deux petits tapis d'autel en brocart et en soie.

162 — Robe japonaise en crêpe de Chine vert brodé.

163 — Étoffes diverses pour ameublement.

164-166 — Trois tapis d'Aubusson. Sera divisé.

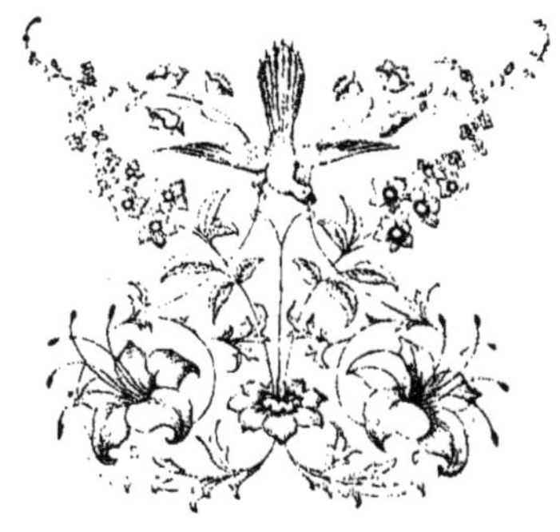

TABLEAUX — AQUARELLES

BELLANGÉ

(HIPPOLYTE)

167 — *Soldats de la première République en avant-garde.*

BLANCHARD

168 — *Jeune Fille dans les blés.*

BROWN

(JOHN LÉWIS)

169 — *Cavaliers.*

CAMPIONI

170 — *Paysage animé de figures d'enfants et de charrette.*

COROT

171 — *Paysage.*

DUPUIS

(DANIEL)

172 — *La Libellule.*

HUET

173 — *Le Départ pour le marché*

KNYFF

(DE)

174 — *Animaux au pâturage.*

LARGILLIÈRE

175 — *Grande dame en riche costume, suivie d'un nègre.*

LARGILLIÈRE

176 — *Grand personnage en costume d'Hippolyte.*

MARIN

177 — *La Charmeuse de pigeons.*

Aquarelle.

MASSON

(BÉNÉDICT)

178 — *Le Printemps.*

PENNE

(DE)

179 — *Chasse au cerf.*

RIGAUD

180 — *Portrait du Prince de Conti, en armure.*

ROSSI

181 — *A la campagne.*

RICHOMME

182 — *La Joueuse de vielle.*

SCHENCK

183 — *Rafale de neige.*

TWING

(GULIO)

184 — *La Bataille des confetti à Rome.*

Aquarelle.

TWING

(GULIO)

185 — *Le Cortège de la mariée sortant d'un palais et se rendant à la chapelle.*

Aquarelle.

VAN DER HEPP

186 — *La Marchande de volailles.*

VAN HIER

187 — *Marine. Vue de Hollande.*

VAN HIER

188 — *Marine.*

Pendant du précédent.

VERBŒCKHOVEN

189 — *Bergerie.*

WALKER

190 — *Hors de combat.*

WEBER

191 — *Marine.*

---

192 — Tableaux et objets non catalogués.

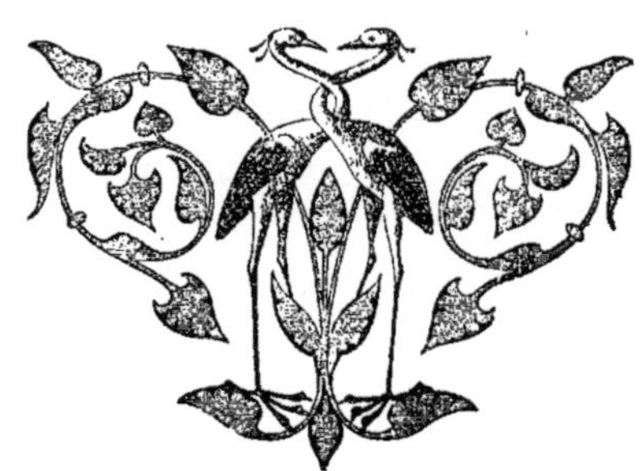

www.ingramcontent.com/pod-product-compliance
Ingram Content Group UK Ltd.
Pitfield, Milton Keynes, MK11 3LW, UK
UKHW020529180726
13839UKWH00005B/2395

9 782329 554372